VIE DES SAINTS
DE LA PROVINCE DE BORDEAUX

25 Octobre

SAINT FRONT

Un des 72 disciples, évêque de Périgueux

MORT EN 75

PAR

L'Abbé Léon DUBOIS

Curé de Villejésus

(Charente)

ET

L'Abbé CHAPUIS

Curé de Tréminis (Isère).

Les auteurs déclarent vouloir se conformer à la Bulle d'Urbain VIII.

1re BIOGRAPHIE

ANGOULÊME

E. CONSTANTIN, Editeur.

1901

VIE DES SAINTS

DES TROIS ORDRES SÉRAPHIQUES

TRAVAIL ENCOURAGÉ

PAR QUATRE CARDINAUX, UNE QUINZAINE D'ÉVÊQUES OU ARCHEVÊQUES,
LES TROIS RR^{ces} MINISTRES GÉNÉRAUX DES TROIS BRANCHES SÉRAPHIQUES
LES MINISTRES PROVINCIAUX DE PARIS, TOULOUSE ET BELGIQUE
Mgr RESSÉS, VICAIRE GÉNÉRAL DE PÉRIGUEUX, PRÉLAT ROMAIN
LE T. R. P. DOMINIQUE, SUPÉRIEUR GÉNÉRAL DES PÈRES TERTIAIRES
RÉGULIERS DE FRANCE
LE T. R. P. MARIE-ANTOINE, LE R. P. LIBERT, F. M. CAPUCIN
ET PAR D'AUTRES HAUTS PERSONNAGES.

LISTE DES VIES QUI ONT PARU :

PREMIÈRE SÉRIE

1. Sainte Marguerite de Cortone.
2. Saint Louis, roi de France.
3. Sainte Elisabeth de Hongrie.
4. St Séraphin de Monte-Grauaro.
5. Sainte Rose de Viterbe.
6. Saint Antoine de Padoue.
7. Saint Roch de Montpellier.
8. Sainte Claire d'Assise.
9. Sainte Elisabeth, reine de Portugal.
10. Saint Jean-Baptiste de la Salle.
11. Saint François d'Assise.
12. Saint Joseph de Copertino.
13. Saint Bonaventure.

DEUXIÈME SÉRIE

1. B^{se} Delphine de Glandèves.
2. Sainte Véronique Giuliani.
3. Sainte Colette.
4. B. Bonaventure de Potenza.
5. Bienheureuse Jeanne-Marie de Maillé.
6. B. Jean de Parme.
7. Saint Laurent de Brindes.
8. Saint Ferdinand III, roi de Castille et de Léon.
9. Saint Félix de Cantalice.
10. Ste Hyacinthe de Mariscotti.
11. Saint Elzéar de Sabran.
12. Saint Joseph de Léonisse.
13. B^{se} Angèle de Foligno.

TROISIÈME SÉRIE

1. Saint Jacques de la Marche.
2. Bienheureux Bernardin de Feltre.
3. Saint Bernardin de Sienne.
4. Sainte Catherine de Bologne.
5. Saint Jean-Joseph de la Croix.
6. Saint Pierre Régalat.
7. Saint Fidèle de Sigmaringen.
8. Bienheureuse Baptiste Varani
9. Sainte Jeanne de Valois.
10. Bienheureux Thomas de Florence.
11. Bienheureuse Isabelle de France.
12. Saint Yves de Bretagne.
13. Vénérable Jeanne d'Arc.

QUATRIÈME SÉRIE

1. Saint François Solano.
2. Vénérable Jean-Baptiste-Marie Vianney, curé d'Ars, Tertiaire.
3. Saint Didace d'Alcala.
4. Saint Pascal Baylon.
5. B^{se} Viridiane.
6. B^{se} Jeanne de Signa.

L'unité ; 0 fr. 20 ; *franco*, 0 fr. 25.
Le cent : 15 fr. ; *franco*, 16.
Les cinquante : 8 fr. ; *franco* 9 fr.
La douzaine : 2 fr. ; *franco*, 2 fr. 50

Le 29 septembre 1901, Monseigneur Ricard,
évêque d'Angoulême, écrivait à un des deux
auteurs :

Cher monsieur le Curé,

Vous me demandez mon suffrage pour
l'œuvre des Saints de la Province de Bordeaux
que vous entreprenez, et en particulier pour
la vie de saint Front, premier évêque de Périgueux, qui ouvre la pieuse galerie de ce travail.

C'est bien volontiers que je vous le donne,
car j'estime qu'à une époque où l'on vit plus
que jamais en dehors du surnaturel, il est bon
de l'affirmer en faisant connaître la Vie de ces
héros de la foi qui déborde de surnaturel.

En écrivant les Vies populaires de ces Saints
qui prêchent par leurs vertus, vous faites une
œuvre d'apostolat qui produira ses fruits.

Il me tarde que vous arriviez aux Saints
dont notre Angoumois se glorifie. Notre fierté
charentaise s'en réjouira, pendant que notre
piété y trouvera son profit.

Agréez, cher monsieur le Curé, avec mes
encouragements, l'expression de mon meil-
leur dévouement en Notre-Seigneur.

† ERNEST,
Evêque d'Angoulême.

VIE DES SAINTS
DE LA PROVINCE DE BORDEAUX

PAR

L'abbé DUBOIS

CURÉ DE VILLEJÉSUS, (CHARENTE)

ET

L'Abbé CHAPUIS

Curé de Tréminis (Isère).

PREMIÈRE BIOGRAPHIE

25 OCTOBRE

SAINT FRONT

Un des 72 disciples, premier évêque de Périgueux,
mort en 75.

§ I

Naissance de Saint Front. — Il se retire sur le Mont-Carmel. — Notre Seigneur le choisit pour un de ses disciples.

Saint Front était Israélite, de la tribu de Juda ; il naquit dans le pays des Lycaoniens. Il eut pour père Siméon et pour mère Frontonia, fidèles observateurs de la loi, remarquables par l'austérité de leurs mœurs et pleins de foi aux promesses d'un Messie.

Nous ignorons quel âge il pouvait avoir lorsque le Sauveur se manifesta au monde, mais une pieuse tradition nous apprend que déjà il avait quitté son père et sa mère et s'était retiré sur le Mont-Carmel, pour y mener

2

la vie érémitique, à l'exemple des prophètes Elie et Elisée. La Chronique des Carmes espagnols dit même que saint Front, avant de se retirer sur le Carmel, était un soldat d'Hérode et avait été baptisé par saint Jean-Baptiste.

Ce fut probablement sur le Carmel, dans les exercices de la contemplation et l'étude de la loi et des prophètes, qu'il acquit pour les perfectionner plus tard à l'école du Sauveur, cette instruction et cette puissance de parole que les historiens lui attribuent.

Lorsque Notre Seigneur Jésus-Christ, sortant de sa retraite de Nazareth, se manifesta au monde par ses prédications et ses miracles, les ermites du Carmel, et parmi eux le fils de Siméon et de Frontonia, descendirent de la montagne et se présentèrent à lui. Instruits des saintes Ecritures et justes appréciateurs des prophéties, ils n'eurent pas de peine à le reconnaître pour le Messie et s'attachèrent à sa personne. Saint Front fut baptisé par saint Pierre, sur le commandement de Jésus-Christ, et il fut l'un des 72 disciples que le divin Maître choisit et qu'il envoyait, deux à deux, dans toutes les villes et dans tous les lieux où lui-même devait aller, leur ayant donné le pouvoir de guérir les malades, de chasser les démons et de faire toutes sortes de miracles.

§ II

Saint Front s'attache à saint Pierre. — A Rome, il guérit la fille d'un sénateur, possédée du démon.— Il fait plusieurs autres miracles.

En sa qualité de disciple, notre Saint fut témoin de la vie admirable de l'homme Dieu. Lorsque, après la Pentecôte, les disciples, remplis de l'esprit divin, se partagèrent le monde pour l'évangéliser, saint Front s'attacha à la personne de saint Pierre et en fut particulièrement aimé. Il prit une part très active aux travaux de cet apôtre, en Palestine, à Antioche, à Rome. Dans cette dernière ville, saint Front attira sur lui l'attention publique, par un grand miracle.

La fille d'un sénateur était tourmentée par les démons qui la possédaient depuis quatorze ans. On l'amène à saint Front qui avait la réputation de faire des merveilles, et on le prie de la guérir. Les mauvais esprits ne peuvent supporter la présence de l'homme de Dieu ; ils sont forcés de confesser, en présence de tout le peuple, la vertu du nom de Jésus et la divinité de la doctrine que prêche saint Front. « O envoyé du Très-Haut, s'écrient« ils, pourquoi es-tu venu nous poursuivre en cette ville ? « Tu nous persécutes partout. O Jésus de Nazareth ! pour- « quoi sommes-nous livrés à de si cruels tourments ? « La puissance de cet homme est si grande, que nous ne « pouvons lui résister. »

Pendant les gémissements des démons, la jeune fille se jette aux pieds de l'Apôtre ; celui-ci, touché de son état, adresse au Ciel cette prière : « Seigneur, qui avez donné « à vos serviteurs tout pouvoir sur les puissances de l'en- « fer, glorifiez votre saint Nom en guérissant cette fille...» A l'instant, la jeune fille est délivrée ; les démons l'abandonnent, et une vive lumière se répand sur elle et sur la foule émerveillée.

La nouvelle de ce miracle, opéré sur une place publique, au milieu du peuple, se répandit bientôt par toute la ville et mit notre Saint en grande faveur. On accourait pour entendre sa parole facile et persuasive; on voulait être témoin de ses œuvres, car il opérait des prodiges de tout genre. Il est rapporté qu'il rendit la vue à deux aveugles, guérit quatre hydropiques, un lépreux, et fit plusieurs autres guérisons miraculeuses.

§ III

Saint Front est envoyé, avec saint Georges, dans les
Gaules. — Saint Georges meurt en route. — Saint
Front le ressuscite. — A ce miracle beaucoup se
convertissent.

Quand les princes des apôtres, saint Pierre et saint
Paul, eurent planté l'étendard de la foi de Jésus-Christ sur
les murailles de Rome, ils se concertèrent pour gagner à
l'Evangile les nations environnantes. Ils envoyèrent saint
Front dans la Basse-Guyenne pour tâcher de convertir les
nobles Pétrocoriens, selon l'expression de la Légende. A
saint Georges, ils donnèrent la mission d'aller évangéliser les peuples du Velay.

Les deux apôtres partirent ensemble. Après trois jours
de marche, ils arrivèrent à Bolséna, petite ville située sur
le lac du même nom, autrefois dans les Etats de l'Eglise.
Ils y prêchaient l'Evangile lorsque, au plus fort de la pré-
dication, saint Georges mourut soudainement. Saint Front,
inconsolable de cette mort, dépose dans un sépulcre le
corps de son ami, ordonne de le garder avec soin, puis va
en toute hâte annoncer cette triste nouvelle à saint Pierre.
Se jetant à ses pieds, il lui dit comme autrefois Marthe à
Jésus : « *Celui que vous aimiez est mort*, mais venez, et
« vous le ressusciterez. — Relevez-vous, mon fils, lui
« répond doucement le chef de l'Eglise, ému lui-même
« autant de la douleur de saint Front que de la mort de
« saint Georges, relevez-vous. La mort de votre ami n'est
« que pour la manifestation de la gloire de Dieu.

« Prenez ce bâton et posez-le sur le corps de votre frère
« en invoquant le saint nom de Jésus, et votre frère vous
« sera rendu ».

Ces paroles simples et impératives portent la consolation et la confiance dans le cœur de saint Front, qui repart immédiatement pour Bolséna, bien résolu d'exécuter de point en point ce qui lui a été prescrit.

Cependant dans les environs, on racontait la mort de saint Georges, la désolation de saint Front, les soins qu'il avait pris de faire garder le corps de son ami, et son départ précipité pour la ville de Rome. On s'attendait à quelque évènement extraordinaire ; au jour présumé pour le retour du Saint, on était accouru de toutes parts et on entourait le sépulcre. Saint Front apparaît ; sa démarche est résolue ; la tristesse n'assombrit plus son visage ; on y voit briller la joie que donne la certitude d'un succès. Il fend la foule silencieuse et arrive au sépulcre. Il le fait ouvrir, comme avait fait Jésus-Christ pour ressusciter Lazare, puis il dépose le bâton de saint Pierre sur le corps de son ami, et lui dit : « Au nom de Jésus-Christ, « je vous ordonne de vous lever ». A l'instant, saint Georges qui, depuis six jours, avait rendu le dernier soupir, se lève, sort vivant du tombeau et se jette dans les bras de saint Front ; et tous deux, d'un même cœur et d'une même voix, rendent grâces à Dieu.

La foule, aussi attendrie qu'enthousiasmée par ce spectacle, proclame la puissance du nom de Jésus-Christ et la divinité de sa doctrine. Ceux des païens qui, jusque-là, s'étaient montrés les plus opposés à l'Evangile, se jettent aux pieds de saint Front, désavouent leurs erreurs et demandent le baptême.

§ IV

Saint Front et saint Georges arrivent à Vélaunes (saint-Paulien). — Une dame leur donne fort généreusement l'hospitalité. — A cette dame Dieu montre qu'il faut construire une église sur le mont Anis. — Origine du pélerinage de Notre-Dame-du-Puy.

Saint Front devait accompagner saint Georges jusqu'à la ville que saint Pierre avait désignée à celui-ci comme le principal théâtre de ses prédications. Ayant donc tout réglé à Bolséna pour la persévérance des fidèles, et leur laissant quelques-uns des prêtres et des diacres qu'il avait ordonnés, il partit avec saint Georges et ses trois disciples : Frontaise, Séverin et Sévérian appelé aussi Séverien. Ils se dirigèrent tous ensemble vers le pays des Velaisiens, préchant l'Evangile dans tous les lieux où ils passaient, et y faisant de nombreux prosélytes. Ils arrivèrent à Vélaunes (saint-Paulien), alors la capitale du Velay. Une dame de qualité leur offrit fort généreusement l'hospitalité. Sa charité mérita pour elle et pour sa famille le bienfait de la foi.

Dieu se servit de cette charitable dame pour implanter dans le pays une grande dévotion envers la sainte Vierge. Une nuit qu'elle était profondément endormie, un ange lui apparut en songe et lui dit : « Levez-vous et allez sur « la montagne d'Anis, et, là, il vous sera montré ce que « vous devez faire pour la gloire de Dieu. » Docile à la parole de l'ange, dès qu'il fut jour, elle se leva et s'empressa d'exécuter les ordres qui lui avaient été donnés.

Or, la montagne d'Anis, distante de Vélaunes de quelques milles, était élevée, et le chemin, pour la gravir était pénible, en sorte que la servante de Dieu, en arrivant au sommet, se trouva épuisée de fatigue. S'étant assise pour se reposer, elle ne tarda pas à s'endormir. Pendant son sommeil, Dieu lui montra, à quelques pas du lieu où elle était, une pierre façonnée en forme d'autel et entourée d'anges. Au milieu de ces anges se trouvait une Vierge d'une grande beauté et couronnée d'un brillant diadème.

Ayant demandé le nom de celle qui était si belle, un ange lui répondit : « *Elle s'appelle Mère de Dieu ;* elle chérit particulièrement les amis de son fils, Front, Georges ; en faveur de ces deux apôtres, elle a choisi ce lieu pour y être plus spécialement honorée. »

La pieuse dame s'étant éveillée va en toute hâte raconter aux évêques ce qu'elle a vu et entendu. Saint Front et saint Georges reconnurent aisément que la sainte Vierge voulait être honorée sur le mont Anis sous le vocable de Mère de Dieu, et l'annoncèrent au peuple. Ils allèrent ensuite sur la montagne visiter le lieu que la pieuse dame leur avait indiqué.

Les historiens rapportent que ce lieu fut trouvé couvert de neige, quoiqu'on fut dans la saison la plus chaude de l'année. Ils ajoutent qu'un cerf, parcourant cette neige, y traça l'emplacement d'une église, sa longueur et sa largeur. Ce qu'ayant vu, saint Front et saint Georges, dans leur esprit de foi, le firent enceindre d'une muraille, afin de le préserver de toute profanation. Dès lors les fidèles commencèrent à aller prier en cet endroit. Saint Georges y dressa un autel ; ses successeurs y construisirent une église et y transportèrent leur siège épiscopal. Il s'y forma une ville, c'est la ville du Puy. Telle fut l'origine du célèbre pélerinage de Notre-Dame-du-Puy.

§ V

*Saint Front va évangéliser la capitale des Pétrocoriens.
— Il chasse le démon du corps d'un possédé. — Il
baptise et guérit le puissant seigneur Chilpéric qui
était paralytique.*

La mission de saint Front l'appelant dans le Périgord, il
dut se séparer de saint Georges. Les adieux furent des
plus touchants. Les deux évêques se partagèrent le bâton
que saint Pierre avait donné à saint Front et qui avait
servi à la résurrection de l'Apôtre du Velay. La partie,
laissée entre les mains du ressuscité, existe encore.

Après avoir été conservée jusqu'en 1793 dans l'église
cathédrale de Saint-Paulien, elle est aujourd'hui dans la
chapelle des Dames de l'Instruction du Puy. C'est la partie
inférieure, celle qui touchait immédiatement la terre. Elle
est d'un bois inconnu dans nos pays; des hommes
experts ont déclaré n'en avoir jamais vu de sembla-
ble. Ce bois est rouge, tirant beaucoup vers le noir. Il
est incorruptible. Voici ses dimensions d'après le R.
P. Matharan, Jésuite, qui l'a touché et mesuré lui-même
en 1877. Longueur : 613 millimètres ; circonférence à l'extrémité supérieure : 3 centimètres; à l'extrémité inférieure : 33 millimètres. Son poids est de 115 grammes. Le R.
P. Matharan le croit en bois de palissandre. Quant à
l'autre moitié, saint Front la garda et l'apporta à Périgueux, mais plus tard il s'en dessaisit en faveur de
saint Clément, évêque de Metz, comme nous le dirons au
paragraphe quatorzième.

En véritable apôtre, saint Front prêchait partout où il
passait, ainsi que les trois disciples qu'il avait amenés

avec lui de Bolséna : Frontaise, Séverin et Sévérian, par conséquent le voyage dura longtemps.

Il arriva enfin à Vésone, ville livrée à toutes sortes d'idolâtries. Il y précha, dès le lendemain, un seul Dieu en trois personnes, Créateur de toutes choses, Jésus-Christ, rédempteur du monde. Il leur raconta la vie du Sauveur, la mission des apôtres, les progrès miraculeux de l'Eglise. Pendant plusieurs jours il parcourut la ville, allant d'un endroit à l'autre, partout où il croyait trouver le peuple assemblé. Il confirmait ses enseignements par des miracles.

Un jour qu'il préchait au théâtre, en présence d'une foule immense, on lui amena un homme que le démon possédait depuis plusieurs années et qui le rendait si furieux qu'on était obligé de l'attacher avec de fortes chaînes. Dès que ce malheureux fut en face de l'Apôtre, il s'écria d'un ton à faire frissonner tous les assistants : « O Front, envoyé de Jésus de Nazareth, tes prières et tes paroles me brûlent ! » Le Saint regarda le possédé et dit avec autorité au démon : « Tais-toi, esprit immonde, et sors du corps de cet homme. » A l'instant, Satan obéit, et abandonna ce malheureux, qui, tombant aux pieds de saint Front, se confondit en actions de grâces.

Pendant ce temps, le peuple, dans l'admiration, disait : « Quel est cet homme à qui les esprits infernaux « obéissent ? Qui lui a donné une telle puissance ? »

A la suite de ce miracle, plusieurs païens demandèrent le baptême. De ce nombre fut une illustre dame appelée Maximille, femme de Chilpéric, l'un des puissants seigneurs de Vésone. Elle invita le saint évêque à se rendre dans son palais, espérant fermement pour son mari, pour ses enfants et toute sa maison, la faveur qu'elle avait elle-même reçue. Elle espérait probablement aussi que le Saint guérirait son époux, qui était paralytique et perclus de tous ses membres depuis douze ans.

L'Apôtre suivit Maximille et, en entrant dans son palais, il dit selon la prescription du divin Sauveur. « Que
« la paix du Seigneur soit dans cette maison ». Je vois à
« votre manière de saluer, répliqua Chilpéric, que vous
« êtes Juif de nation, avez-vous le pouvoir de me guérir ?
« — J'ai ce pouvoir, répondit saint Front, si vous croyez
« en N. S. Jésus-Christ. S'il me guérit, je crois qu'il
« est Dieu, reprit Chilpéric ». — Pendant que le Saint
s'efforçait de démontrer qu'il fallait croire sans restriction,
la grâce pénétrait dans l'âme du puissant seigneur qui
s'écria : « Je crois que Jésus-Christ est Dieu, j'abjure
« le culte des idoles et je veux être baptisé ». Saint
Front le baptisa, puis le prenant par la main, il dit : «Que
« mon Seigneur Jésus qui à guéri le paralytique de la Ju-
« dée, vous accorde l'entière guérison de votre maladie».
Ensuite, formant le signe de la croix sur Chilpéric, il lui
ordonna au nom de Jésus, de se lever et de marcher. Le
perclus se leva et, marcha, ne se ressentant plus de son in-
firmité.

Les deux fils de Chilpéric, Altime, et Gélase, témoins de
la guérison miraculeuse opérée en leur père, se firent
baptiser avec tous leurs serviteurs au nombre de deux
cents personnes.

§ VI

Saint Front rend la vue à un aveugle. — Il guérit un
seigneur qui lui donne sa maison pour la transformer
en église. — Il ressuscite deux morts. — Nombreuses
conversions.

Il y avait alors à Vésone un noble et puissant Seigneur,
nommé Aurélius, qui peut-être même était gouverneur de
la ville, mais il était couvert d'ulcères et en proie à de
vives douleurs. La guérison de Chilpéric l'avait fortement

ému. Désirant vivement voir l'auteur de ce prodige, il fit prier humblement l'Apôtre de venir dans sa maison. Le Saint s'empressa de s'y rendre ; chemin faisant, ayant rencontré un aveugle, il le guérit, en formant sur lui le signe de la croix et en invoquant le saint nom de Jésus. Puis il guérit Aurélius et le baptisa avec plusieurs membres de sa famille.

Aurélius se convertit si bien qu'il donna sa maison à saint Front qui l'accepta et la transforma en église.

Bientôt eut lieu la résurrection d'un mort. On venait de retirer d'un puits très profond le fils d'une pauvre veuve que saint Front avait déjà délivrée du mauvais esprit. La mère désolée fait apporter le corps de son enfant aux pieds de l'Apôtre et le conjure de lui rendre la vie. Saint Front, touché de sa foi et de ses larmes, pose son manteau sur le mort, et celui-ci se lève tout vivant.

A quelques jours de là, saint Front ressuscita aussi Chronope, à la prière d'Elpidius son père et de Bénédicte sa mère. Ce miracle produisit une grande sensation dans la cité de Vésone et les environs. Trois cents personnes se firent baptiser et Chronope devint plus tard évêque de la capitale du Périgord.

§ VII

Douceur de caractère de saint Front. — Sa manière de prêcher. — La nuit il se retire dans un Oratoire.— Il brise l'idole de Mars.—Il convertit en église le temple dédié à cette fausse divinité.

Tout dans saint Front prêchait l'Evangile ; la douceur de ses paroles charmait tous les cœurs ; on était avide de l'entendre ; ses œuvres enthousiasmaient. Celui qui eût vu Jésus-Christ à Jérusalem, dans les campagnes de la

Judée, eût compris facilement que l'Apôtre de Vésone
avait été formé à son école. Son modèle en tout et partout
était son divin Maître. Il s'appliquait à agir comme il
avait agi, à parler comme il avait parlé. Il faisait fréquem-
ment intervenir dans ses discours les exemples, les com-
paraisons, les paraboles dont Jésus se servait.

A l'exemple du divin Sauveur, après avoir prêché tout
le jour, la nuit il veillait et priait. C'était sa coutume de se
retirer dans une petite cellule, où plutôt dans un oratoire
qu'il avait bâti en l'honneur de la Mère de Dieu, sur la
montagne où s'est fondé le Périgueux du moyen-âge, appelé, du séjour qu'y fit l'Apôtre, Puy-Saint-Front.

Les prêtres des idoles, voyant le peuple déserter le culte
de leurs dieux, essaient de ranimer le zèle païen par une
grande solennité en l'honneur de Mars. A l'heure du sacrifice, saint Front s'y rend à travers une foule immense. En
chemin, il ressuscite un mort ; puis il accourt au temple de
Mars, précédé par le bruit de cet éclatant miracle. Il ren-
verse l'idole de cette importante divinité et aussi toutes les
statues des dieux secondaires. Par un signe de croix, il
chasse tous les mauvais esprits, qui prennent la fuite en
faisant entendre d'affreux gémissements. Alors enhardis
par l'exemple du saint Apôtre, les nouveaux convertis bri-
sent et brûlent tous les simulacres de l'idolâtrie.

Peu de temps après, saint Front purifia le temple dédié
à Mars et le consacra au culte du vrai Dieu, sous l'invo-
cation de Saint-Etienne, premier martyr. Il en fit la prin-
cipale église de son diocèse, y fixa sa résidence et y établit soixante-douze clercs pour y chanter les louanges
de Dieu, le jour et la nuit, et y vivre selon la règle des
apôtres, en mettant tout en commun.

§ VIII

Saint Front évangélise, par ses compagnons, les envi-
rons de Vésone. — Il brise une énorme statue de
Vénus. — Un dragon sort de cette statue et fait
des victimes. — Saint Front les ressuscite. — Les res-
suscités deviennent apôtres.

Après avoir converti les habitants de Vésone, saint
Front envoya ses disciples : Frontaise, Séverin, Sévérian
et Silain, évangéliser les campagnes. Ces saints personnages allaient, comme les disciples de Jésus, de bourgade
en bourgade, prêchant partout le royaume de Dieu, ins-
truisant et baptisant, ne craignant, ni les fatigues, ni les
persécutions ; le Saint-Esprit était avec eux.

De son côté, notre Saint ne restait pas oisif ; chaque
jour il catéchisait et s'appliquait à confirmer dans la
foi les nouveaux chrétiens. Il n'avait pas encore porté le
dernier coup à l'idolâtrie. Restait le fameux temple de
Vésone, bâti pour le culte d'Isis, divinité privilégiée des
Gaulois ; les Romains y avaient placé une statue colossale
de Vénus et les statues de plusieurs autres dieux.

Pendant que saint Front se prépare à détruire ce temple, les prêtres païens ameutent le peuple contre lui. Il
n'écoute point leurs clameurs, encore moins leurs mena-
ces, et il poursuit l'exécution de son projet. On le voit
marcher d'un pas assuré au milieu de la foule frémis-
sante, et se diriger vers le temple de Vésone. Il y arrive
et s'arrête en face, le regard fixé vers le Ciel. Il fait le
signe de la croix, et, au nom de Jésus, il ordonne à l'énorme
colosse de Vénus de tomber à ses pieds et de se réduire
en poudre. L'effet suit de près ses paroles au grand étonnement des idolâtres, étonnement bientôt changé en

frayeur, car des débris de la statue on voit sortir un dragon qui s'élance sur les païens, en tue sept et en blesse plusieurs.

Spectateur attentif de ce qui se passe, saint Front ne tarde pas à voir ceux qui ont le plus crié contre lui, implorer son secours ; il les entend le prier avec d'abondantes larmes de rendre la vie aux sept hommes que le dragon a fait mourir. Il ordonne qu'on retire leurs corps du temple ; puis il commande au dragon de s'en aller en un lieu solitaire sans blesser personne. Le dragon obéit. Dès qu'il a disparu, l'Apôtre s'adresse à Dieu dans les termes suivants : « Seigneur, à qui rien « n'est impossible, qui avez sauvé le monde par le bois « sacré de la croix, rendu la vue à l'aveugle de naissance « et ressucité Lazare, commandez, s'il vous plaît, que ces « morts reviennent à la vie, afin que toutes les généra- « tions présentes et futures reconnaissent que vous tenez « les clefs de la vie et de la mort..... »

A peine a-t-il terminé cette prière, que les sept hommes se relèvent, comme s'ils sortaient d'un profond sommeil, et proclament qu'il n'y a point d'autre Dieu que le Dieu de saint Front. Etonnés de tant de prodiges, les païens eux aussi reconnaissent le Dieu de saint Front.

§ IX

Par un signe de croix saint Front détruit la moitié du temple de la déesse Isis. — Le gouverneur Squirius le fait arrêter et le persécute. — Il n'échappe à la mort que par une protection spéciale du Ciel.

Cependant le moment est venu de frapper le dernier coup. Saint Front, la face tournée vers le temple d'Isis, forme le signe de la croix et s'écrie : « Au nom de Jésus-

« Christ, mis en croix par les Juifs et ressuscité trois jours
« après sa mort, qu'une partie de ce temple, avec les ido-
« les qu'il renferme, tombe à terre, et que l'autre partie de-
« meure sur pied pour servir de témoignage aux généra-
« tions futures. » A l'instant même, une partie du temple
s'écroule ; l'autre est encore là debout, redisant aux géné-
rations du vingtième siécle, comme elle l'a dit aux géné-
rations des siècles antérieurs, les égarements de la supers-
tition païenne et les triomphes du christianisme.

Les enfants ont demandé à leurs pères : Que signifie ce
monument ? Les pères ont raconté à leurs enfants les
merveilles du Seigneur. Le souvenir s'en est transmis
d'âge en âge, de génération en génération, pour l'édifica-
tion des peuples et la glorification de notre bienheureux
Apôtre.

Pendant que saint Front triomphait ainsi et faisait
fleurir l'Eglise de Vésone, Squirius (appelé aussi Squiri-
nus et Quirinus), l'an quatrième de Claude, empereur
romain, fut envoyé pour gouverner la basse Guyenne.
C'était un ennemi du nom chrétien. Saint Front lui fut
dénoncé comme un perturbateur et dut comparaître devant lui, Frontaise, Séverin, Sévérian et Silain, tous
quatre désireux de souffrir quelque chose pour le nom de
Jésus-Christ, accompagnaient le Saint.

Après un interrogatoire dans lequel saint Front expli-
qua ce qu'était la religion chrétienne, et montra sa divinité, Squirius, irrité surtout de ce qu'on le menaçait de
l'Enfer, fait entrevoir une mort imminente à l'Apôtre et à
ses quatres disciples. Se tournant brusquement vers ses
gardes : « Jusques à quand, leur dit-il, vivront ces hom-
« mes qui nous menacent de tourments éternels ? »

Les paroles et le regard de Squirius sont compris, aussitôt un de ses satellites lève la main et l'épée pour trancher
la tête à saint Front. Mais Dieu protège son Serviteur ; la
main et l'épée restent suspendues, immobiles, sans pou-

voir frapper, tandis qu'une lumière éclatante environne le saint évêque. A la vue de ce prodige, Squirius et ses soldats, saisis d'épouvante, prennent précipitamment la fuite, craignant qu'il ne leur arrive quelque malheur. Quant au soldat qui a voulu attenter à la vie de l'homme de Dieu, il entre dans une violente fureur contre lui-même et se déchire à belles dents. Frappé invisiblement par la main de l'ange qui a protégé saint Front, il expire peu après misérablement.

Resté seul avec ses quatre disciples sur le champ de bataille, où il vient d'avoir un si beau triomphe, saint Front se retire avec eux dans son oratoire de Notre-Dame, remerciant Dieu qui l'a soutenu dans le combat, et priant avec une grande effusion de charité pour son persécuteur. Tous les cinq passèrent le reste de la journée et une partie de la nuit dans la prière et le chant des psaumes.

§ X

Saint Front prépare ses quatre disciples au martyre. Tous les quatre sont mis à mort. — Plusieurs prodiges à l'occasion de leur exécution.

Saint Front prévoyant que l'heure des grandes épreuves approchait pour ses disciples, et que bientôt ils auraient à rendre témoignage de leur foi par le sacrifice de leur vie, les disposait à tout souffrir pour le nom de Jésus. Ceux-ci, fortifiés par ses exhortations, prêchaient journellement Jésus-Christ avec une sainte audace. Dénoncés par les prêtres des idoles au gouverneur Squirius, ils furent arrêtés.

Interrogés, Frontaise répondit au gouverneur : « Vous nous demandez quelle est notre patrie, Silain est originaire de Vésone ; quant à Séverin, Sévérian et moi, nous sommes romains, comme vous, ô gouverneur, étant nés dans la ville de Bolséna. Mais pourquoi nous interroger ? Pourquoi nous demander en vertu de quelle autorité nous agissons, vous qui.... détestez toute lumière ? Rentrez un peu en vous-même ; reconnaissez le Dieu qui a formé votre corps et votre âme, et vous serez capable de comprendre la vérité que nous enseignons. Nous avons appris de notre Maître que les dieux des gentils sont l'œuvre de la main des hommes et n'ont aucun pouvoir pour se défendre eux-mêmes, ni pour protéger ceux qui les honorent. »

Squirius répliqua : « Il y va de votre vie ; si vous sacrifiez à nos dieux, vous la conserverez ; si vous ne sacrifiez pas, vous mourrez. » Frontaise, Séverin et Sévérian répondent : « Notre gloire et notre bonheur sont de vivre « et de mourir en Jésus-Christ et pour Jésus-Christ. » Vaincu par cette réponse énergique, et voyant que leur foi est trop vive pour qu'il puisse espérer la faire fléchir, le gouverneur s'adresse à Silain dans l'espoir de triompher plus facilement de sa jeunesse : « Et toi, jeune adolescent, « lui dit-il, pourquoi ne sacrifies-tu pas à nos dieux ? » Silain répond avec fermeté : « Je ne sacrifierai jamais « qu'à Jésus-Christ, mon Sauveur, qui a lavé le monde « dans les eaux du baptême et l'a purifié des souillures « du péché. »

A cette réponse, Squirius ne se possède plus ; il ordonne qu'on mène les quatre confesseurs hors de la ville et qu'on les fasse mourir par les tourments les plus affreux. Il ajoute qu'il va se rendre lui-même sur le lieu de l'exécution pour s'assurer que ses ordres sont bien suivis. On enchaîne les quatre apôtres, qui, pendant qu'on les conduit hors la ville, chantent les louanges de Dieu. Arrivés sur la place du supplice, on les attache à des poteaux ; on met sur la tête de chacun d'eux une couronne d'épines en signe de dérision ; on leur transperce les épaules avec des tarières

18

embrasées ; enfin, on les détache et on leur tranche la tête.

A l'instant même, Dieu montre par un prodige combien il est glorifié par la mort de ces généreux athlètes. Leurs corps se redressent et, chacun reprenant sa tête entre ses mains, ils se mettent à marcher en présence de la foule, se dirigent vers la rivière de l'Isle qu'ils traversent en marchant sur les eaux, gravissent la montagne et arrivent à l'oratoire de Notre-Dame, où saint Front priait. Saint Front les bénit et commence leurs funérailles, aidé par le prêtre Anian, en présence d'un grand concours de fidèles, chantant des psaumes et des hymmes à la louange de Dieu. Frontaise, Séverin et Sévérian sont ensevelis dans l'oratoire même. Quant au corps de Silain, saint Front le cède aux prières d'une pieuse dame, peut-être sa mère, qui va l'ensevelir dans sa propre maison.

§ XI

Saint Front est exilé. — I contient le peuple qui veut se soulever en signe de protestation. — Pays qu'i parcourt durant son exil.

Le sang des martyrs devint une semence de chrétiens. Squirius crut que, pour étouffer cette religion naissante, il fallait nécessairement bannir son auteur, et il prononça contre saint Front la sentence d'exil. Il aurait craint une émeute, s'il l'avait condamné à mort. En effet, les chrétiens protestaient contre la peine infligée à leur évêque et voulaient le garder de force. Mais le prudent Pasteur leur représenta qu'il y avait dans sa condamnation un dessein caché de la Providence ; sur ces paroles la foule se contint et l'ordre ne fut pas troublé.

La nuit suivante, le Seigneur Jésus lui apparut et lui dit : « Marchez courageusement en exil, car il faut que « vous portiez l'Evangile en plusieurs autres villes et « bourgades. Ayez confiance, je serai avec vous ». Le divin Sauveur daigna aussi lui faire comprendre qu'il reviendrait au milieu de son troupeau et aurait la consolation de voir son persécuteur se convertir à la foi chrétienne. Le lendemain, les fidèles s'étant assemblés, saint Front les exhorta à rester fermes dans leur croyance et leur donna sa bénédiction ; puis, mettant à sa place le prêtre Calépode, son disciple, pour gouverner l'église de Vésone, il prit la route de l'exil, emmenant avec lui Anian, Nectaire et Chronope.

Nous le voyons d'abord en un lieu peu éloigné de Vésone, appelé aujourd'hui Pressac, où il convertit à Dieu un grand nombre de païens. De là, il se rend à Brantôme, où il opère aussi des conversions. A Brantôme, sa doctrine est confirmée par deux grands prodiges ; il réduit en poudre, au seul signe de la croix, une statue de Mercure et il ressuscite un enfant.

Avide de gagner des âmes à Jésus-Christ, le noble exilé part à Angoulême. Mais là, le fruit de ses prédications est presque nul, bien qu'il guérisse devant une foule nombreuse deux démoniaques et deux paralytiques. La gloire d'établir le christianisme en cette ville était réservée à saint Ausone.

Dans la Saintonge que saint Front parcourt après avoir quitté l'Angoumois, la moisson est abondante. Il chasse les démons des corps de trois possédés ; les malins esprits, en s'en allant, s'écrient : « O Front, envoyé de Jésus, « pourquoi venir nous persécuter ici ? Contente-toi de nous « avoir vaincus ailleurs par tes prières ».

§ XII

*Saint Front arrive en face de Bordeaux. — Il passe
miraculeusement la Gironde. — Il se met à prêcher. — Les oracles des idoles se plaignent de lui. —
Il est fort maltraité et chassé de la ville. — Il détruit
en partie te temple de Priape et de Vénus. — Autres
prodiges.*

De la Saintonge, l'Apôtre se dirige vers Bordeaux. Arri-
vé en face de cette ville et n'ayant point de barque pour
traverser la Gironde, il demande à Dieu avec ferveur de
lui venir en aide. Aussitôt une barque se détache d'elle-
même du port. Poussée par un vent favorable et guidée
par une main invisible, elle vient aborder à l'endroit où
se trouve saint Front. L'Apôtre y entre avec ses disciples,
immédiatement la barque se met en mouvement, retourne
vers le port et va reprendre la place qu'elle occupait au-
paravant.

Saint Front ne vient que d'entrer dans Bordeaux et
déjà les idoles des faux dieux gardent le silence ; les oracles ne répondent plus à ceux qui les interrogent. Les prêtres païens se demandent les uns aux autres quelle cause
peut avoir subitement fermé la bouche à leurs divinités.
Pendant qu'ils se questionnent dans le trouble et l'agita-
tion, ils apprennent, par la rumeur publique, qu'un homme venu de bien loin est dans leurs murs, qu'il prêche
une nouvelle religion et l'abolition du culte des dieux.
On rapporte même qu'au temple de Jupiter, pendant un
sacrifice solennel, le dieu avait répondu au prêtre sacrifi-
cateur : « Ne sais-tu pas qu'un disciple de Jésus le Naza-
« réen, est dans la ville et que par ses prédications il nous
« lie la langue ? S'il n'en est pas chassé, nous ne ferons
« plus désormais aucune réponse à tes questions. »

A l'instant, les sacrificateurs des idoles se mettent à faire des recherches par toute la ville et saint Front est enfin découvert. On l'interroge, on lui demande pourquoi il a quitté son pays pour venir en cette cité. Il répond que son Maître et Seigneur l'a envoyé pour prêcher l'unité de Dieu, la divinité de Jésus-Christ, et détruire les superstitions du paganisme. Sur cette réponse, les prêtres des idoles, croyant que tout est perdu, accourent auprès de Sigisbert (sans doute le gouverneur de la ville), et le supplient de protéger les dieux et de chasser l'étranger qui se permet d'attaquer leur culte.

Sigisbert, homme irascible et fortement attaché à toutes les superstitions païennes, fait saisir saint Front, et sans se donner la peine de l'interroger, le fait battre de verges par ses valets. L'Apôtre souffre ce traitement sans se plaindre, en se rappelant la cruelle flagellation de son divin Maître à Jérusalem. Puis on le conduit hors de l'enceinte de la ville et on le menace de la peine de mort, s'il se permet d'y rentrer.

Chemin faisant saint Front rencontre un temple dédié à Priape et à Vénus. Il étend sa main droite vers lui et prononce ces paroles : « Que le Fils de Dieu te détruise » ; aussitôt, une partie du temple s'écroule avec grand bruit, et les deux idoles sont réduites en poudre. Les soldats, qui le tiennent captif, sont épouvantés ; ils abandonnent le prisonnier et vont raconter à Sigisbert ce qu'ils ont vu et entendu.

§ XIII

Saint Front à Blaye. — De nouveau à Saintes. — A Poitiers. — A Tours. — Au Mans. — En Normandie. — A Soissons. — Nombreux prodiges.

En quittant Bordeaux, notre Apôtre se dirigea vers Blaye, aujourd'hui chef-lieu d'arrondissement de la Gironde. Il y prêcha l'Evangile pendant quelques jours ; ses prédications le rendirent tellement populaire qu'on le croyait tout-puissant auprès des autorités civiles. Dix-huit captifs croyant que rien ne pouvait être refusé à un tel homme, le prièrent de leur obtenir la liberté. Cependant le gouverneur la refusa, se moqua même du Saint et ne rendit que plus dure la captivité de ces malheuréux. Mais l'Apôtre s'étant adressé à Dieu, pendant la nuit, les portes des prisons s'ouvrirent d'elles-mêmes et les chaînes des prisonniers tombèrent par le ministère des anges. A ce prodige, beaucoup de païens se convertirent et reçurent le baptême. Le gouverneur fut de ce nombre.

De Blaye, saint Front revint à Saintes, où il rendit la vue à un aveugle de naissance.

Il essaya ensuite de convertir les habitants de Poitiers, fort dévots à Jupiter, à Minerve, à Mars et à Esculape. Il fut d'abord maltraité et chassé de la ville. Mais un ange lui apparut et lui ordonna de la part de Dieu d'y rentrer. Alors il jeta les fondements d'une des églises les plus florissantes des Gaules, à la tête de laquelle il mit le diacre Nectaire qu'il s'acra évêque.

Inutile presque de parler du passage de saint Front à Tours. Il put à peine opérer quelques conversions dans cette ville, les gentils le chassèrent impitoyablement.

Après cet insuccès, l'Apôtre visita le Maine et la Normandie, où il se rendit célèbre par des miracles, et où il laissa son nom à plusieurs localités. Il traversa le Beauvaisis et arriva enfin à Soissons, où il enfanta de nombreux enfants à l'Eglise par ses miracles.

A cette époque, il y avait aux environs de Soissons un dragon qui répandait la terreur dans toute la contrée. Les chrétiens prièrent le Saint de les délivrer de ce monstre. Dans sa charité, l'Apôtre se fait conduire au lieu où le dragon faisait sa retraite. Il marchait seul vers l'endroit que les païens lui indiquaient, de loin, de la voix et du geste, car il n'osaient s'approcher. A la vue de l'homme de Dieu, le monstre redresse la tête et pousse des gémissements effroyables. Mais saint Front lui en impose par son regard et lui dit :« Au nom de Jésus, je te commande de mourir. » Il expira à l'instant même.

Comme saint Front célébrait les Saints Mystères, le jour de la Pentecôte, dans une ville qui s'appelle aujourd'hui Neuilly-Saint-Front, le vin manqua pour la consécration. Affligé de ce contre-temps, le saint évêque se tourna vers Dieu ; tandis qu'il priait, une blanche colombe apparut en l'air, tenant en son bec une fiole pleine de vin. Elle plana quelques instants sur l'Apôtre ; puis, déposa son fardeau sur l'autel, et reprit son vol, laissant la suave odeur du parfum le plus doux.

§ XIV

En Lorraine, saint Front chasse le démon du corps d'une possédée. — Saint Clément, évêque de Metz, vient le voir et l'amène avec lui à Metz. — En route, saint Front fait mourir un serpent qui entortillait le corps d'un enfant. — Il laisse à saint Clément la partie supérieure du bâton qu'il avait reçu de saint Pierre.

Un puissant seigneur de Lorraine avait une fille unique, tourmentée cruellement par le démon, lequel, adjuré de

sortir de son corps, avait répondu : « Je ne sortirai que
« lorsque je serai chassé par saint Front, disciple de Jésus
« de Nazareth ». Ce seigneur envoya donc à Soissons cher-
cher le Saint qui se hâta de venir et guérit la possédée.
Saint Clément, évêque de Metz, ayant appris ce miracle,
accourut auprès de saint Front et le pria instamment de
venir passer quelques jours dans sa ville épiscopale. Saint
Clément avait été envoyé par saint Pierre dans les Gaules,
en même temps que saint Front. Les deux Saints ne s'é-
taient pas revus depuis cette époque.

L'entrevue fut des plus affectueuses et tous les deux
prirent la route de Metz, s'édifiant mutuellement par de
pieux entretiens. Chemin faisant, ils rencontrèrent un enfant retenu par un serpent énorme qui s'était entortillé
autour de son corps. Saint Front, ému de pitié, pria Dieu
de délivrer cet enfant et le serpent expira, tandis que l'enfant n'eut aucune blessure.

Des auteurs pensent que saint Front, se sentant à la
fin de sa carrière, en faisant ses adieux à saint Clément,
lui laissa la partie supérieure du bâton qu'il avait reçu de
saint Pierre. Cette relique est conservée fort religieuse-
ment à Trèves.

§ XV.

*Saint Front va visiter saint Georges. — Il le rencontre
en route. — Les deux saints vont ensemble faire une
visite à sainte Marthe, puis une autre à saint Saturnin.
— Résurrection d'un noyé.*

Prenant congé de saint Clément, saint Front s'ache-
mina vers les montagnes du Velay, afin de voir encore
une fois, avant de mourir, son ami Georges. Il le rencontra
en route, car la persécution l'avait jeté, lui aussi, loin de

Vélaunes. Après les embrassements les plus affectueux et les plus doux entretiens, ils se dirigèrent ensemble vers la Provence, afin de visiter sainte Marthe, sœur de saint Lazare. Ils entrèrent che elle, comme ils y entraient dans la Judée à la suite de Jésus-Christ, et Marthe les reçut comme elle recevait Jésus-Christ et ses apôtres.

Toujours pleine de sollicitude, la sœur de Lazare les consola et leur prédit leur retour dans leurs villes épiscopales. Puis s'adressant à saint Front, elle lui fit promettre de revenir donner la sépulture à son corps ; « Car avant « la fin de l'année prochaine, disait-elle, je quitterai cette « terre pour retourner à Dieu ». « Je viendrai, répliqua « saint Front, si Dieu veut me laisser en ce monde après « vous ».

En quittant Tarascon, saint Front et saint Georges prirent la route de Toulouse pour aller visiter saint Saturnin, leur ami, élevé comme eux à l'école du Sauveur. Ils s'y promettaient les douces jouissances de l'amitié ; mais déjà Saturnin avait été couronné de la palme du martyre. Toutefois leur apparition dans cette ville ne fut pas inutile. Saint Front y prêcha l'Evangile et on accourait pour l'entendre. Un jeune homme, s'étant noyé dans la Garonne qu'il traversait à la nage pour aller écouter le Saint, fut ressuscité par lui. Ce miracle fit une impression salutaire sur l'esprit des païens ; plusieurs se convertirent et reçurent le baptême.

§ XVI

De retour en Périgord, saint Front, baptise Squirius, son persécuteur. — Il apprend par révélation le crucifiement de saint Pierre et fait bâtir une église sous son vocable.

Pour rentrer dans son diocèse, saint Front dut traverser l'Agenais. La légende rapporte que, dans cette contrée, il fit des largesses aux pauvres, donna la santé aux malades et convertit à la foi un seigneur d'Agen avec un grand nombre de gens du peuple.

Pendant son exil, une grande merveille s'était accomplie; Squirius, son persécuteur, celui qui l'avait maltraité et exilé, touché de la patience des chrétiens, de leur charité, de la pureté de leurs mœurs, avait pris d'excellents sentiments et n'attendait qu'une occasion pour embrasser officiellement la foi catholique. Apprenant le retour de l'évêque, il s'empressa d'aller à sa rencontre avec quelques-uns de ses intimes qui, eux aussi, avaient ouvert les yeux à la vérité. De plus loin qu'il aperçut l'Apôtre, il courut au-devant de lui, se jeta humblement à ses pieds et demanda pardon de ses torts, en sollicitant la grâce du baptême. L'Apôtre, appuyé sur son bras, entra dans la cité de Vésone comme un triomphateur. Puis, après avoir instruit Squirius, il le baptisa et lui donna le nom de Georges, en souvenir de son ami, l'Apôtre du Velay.

Saint Front s'occupa de réparer les brèches qu'en son absence, le démon avait faites à son troupeau. Ses prédications et ses miracles eurent bientôt ranimé dans les âmes le feu sacré. Une révélation que Dieu daigna lui faire, produisit surtout un salutaire effet.

Un jour, il prêchait non loin des murs de la ville. Au moment où les fidèles l'écoutaient avec le plus profond recueillement, il cessa tout à coup de parler, et resta dans l'attitude d'un homme qui éprouve un sentiment pénible. Les traits de son visage se contractaient et les larmes coulaient le long de ses joues. Les assistants, le voyant souffrir, ne savaient que penser, mais bientôt ils se mirent à pleurer avec lui, et ce ne fut plus dans l'assemblée que sanglots et gémissements.

L'Apôtre, revenu de son extase, s'écria par trois fois: « Gloire à Dieu ! Gloire à Dieu ! Gloire à Dieu ! — Père, « lui dirent les fidèles, qu'avez-vous vu ? Vous avez bien « souffert. » Alors le Saint leur apprit que Dieu venait de lui révéler et de lui faire voir le martyre de l'apôtre saint Pierre, crucifié à Rome par les ordres de Néron. Il leur dit que le chef de l'Eglise, se jugeant indigne d'être traité, même dans les tourments, comme son divin Maître, avait demandé et obtenu d'être crucifié la tête en bas.

En reconnaissance de cette révélation et pour en perpétuer le souvenir, le saint évêque voulut qu'une église fut bâtie en ce lieu même, sous le vocable de saint Pierre, et il en jeta sur l'heure les fondements.

§ XVII

Saint Front parcourt son diocèse. — A Lalinde, il chasse un énorme dragon.— Il place, avec Notre Seigneur, sainte Marthe dans le tombeau.

Le zèle de saint Front ne se renfermait pas dans l'enceinte de sa ville épiscopale. Il se mit à parcourir lui-même son diocèse, et partout s'opérèrent des miracles. A Lalinde, il chassa un dragon énorme qui, depuis quelque temps, faisait sa retraite dans une caverne, en face de cette ville, sur les bords de la Dordogne. Le souvenir s'en est conservé dans les traditions du pays. On montre encore la grotte du dragon, et sur le sommet de la montagne s'élève une petite chapelle appelée Saint-Front-de-Colombri. Les marins, lorsqu'ils passent en ce lieu, soit en descendant, soit en remontant la Dordogne, font le signe de la croix et demandent une heureuse navigation à l'Apôtre du Périgord.

Il est probable que saint Front séjourna quelque temps aux environs de Lalinde, à Lanquais par exemple, où l'on précise encore le lieu qu'il habitait. Divers monuments attestent le passage du saint évêque en plusieurs endroits du Périgord. Les églises de Saint-Front-d'Alemps, Saint-Front-La-rivière, Saint-Front-de-Pradoux, Saint-Front-de-Champniers, Saint Front-de-Clermont, Saint-Front-de-Champagnac, Saint Front-de-Douville, Saint-Front-de-Bru, furent fondées en mémoire des prodiges opérés par saint Front en ces pays.

C'est pendant que l'infatigable Apôtre parcourait son diocèse que sainte Marthe rendit, à Tarascon, sa belle âme à Dieu. Saint Front lui avait promis d'assister à sa sépulture et il y assista en effet. Ce fait si beau mérite d'être raconté avec tous ses détails.

Le corps de la Sainte était exposé dans l'église qu'elle même avait fait construire. Tout était prêt pour la sépulture, lorsque le Pontife allait célébrer, à Vésone, le Saint Sacrifice. En attendant le peuple, il se tenait recueilli à sa place. Tout à coup Jésus lui apparaît et lui dit : « Mon « fils, venez et accomplissez la promesse que vous avez « faite d'assister aux obsèques de Marthe, mon hôtesse. » Il dit, et tous les deux, en un clin d'œil, sont transportés à Tarascon auprès du cadavre de la Vierge de Béthanie qu'ils mettent dans le tombeau, au grand étonnement de la foule.

Cependant, à Vésone, le diacre avertit tout bas le Pon-

tife que l'heure du Sacrifice est arrivée depuis un moment
et que le peuple est fatigué d'attendre. « Ne vous troublez
« pas, répond le prélat, en s'adressant aux fidèles. J'ai
« été ravi en esprit, soit avec mon corps, soit sans mon
« corps, je l'ignore, j'ai été transporté à Tarascon où,
« avec le Seigneur Jésus, j'ai mis Marthe, sa fidèle servante
« décédée, dans le tombeau ».

§ XVIII

*Le divin Maître avertit saint Front de sa mort pro-
chaine. — Le Saint communique cette nouvelle à son
clergé. — Il désigne son successeur. — Il prêche une
dernière fois et meurt dans l'église même. — Son ami
saint Georges, apprend sa mort par révélation.*

Un jour que l'Apôtre du Périgord célébrait les Saints
Mystères, Jésus-Christ daigna lui apparaître, en la compa-
gnie des anges et au milieu d'une éclatante lumière. Le
Sauveur lui dit : « Venez à moi, mon bien-aimé, venez en
« ma gloire, pour être récompensé de vos labeurs ». Il
s'établit entre eux un dialogue fort charmant, dont la
conclusion fut que, dans huit jours, le Saint irait jouir de
la béatitude éternelle.

Descendu de l'autel, l'Apôtre rassemble ses prêtres, leur
fait part de sa vision et leur déclare nettement que, dans
huit jours, il partira pour le séjour de la gloire. Puis il
les exhorte à la charité, désigne Anian pour son successeur et leur recommande d'ensevelir son corps à côté de
ceux de ses disciples : Frontaise, Séverin et Sévérian.

Le huitième jour venu, le Saint, dont le visage rayon-
nait de joie, offrit le Saint Sacrifice, en présence d'un grand
concours de fidèles qui voulaient le voir une dernière
fois. Il prêcha longtemps ; puis bénissant son troupeau,

il s'écria : « Que le Dieu tout-puissant vous bénisse dans
« son amour ! Qu'il répande sur vous le sentiment de la
« sagesse !...Qu'il vous conserve dans la foi que je vous ai
« prêchée ! Qu'il dirige toujours vos pas dans les voies de
« la véritable vie ! ».

Après avoir fini de parler, l'homme de Dieu alla se pros-
terner devant l'autel de Saint-Etienne, où il fut immédiatement enveloppé d'une vive lumière, du milieu de laquelle
une voix l'appelait à la couronne. Il remercia encore une
fois la Très Sainte Trinité, et rendit doucement son âme à
Dieu, le 25 octobre de l'an 75.

Le même jour et à la même heure, saint Georges, célébrait les Saints Mystères dans son église de Vélaunes. Il
fut ravi par l'esprit de Dieu, et il vit saint Front, accom-
pagné d'une troupe d'anges, de trois diacres et de deux
clercs, portant des flambeaux devant lui, s'élever vers le
Ciel, le visage resplendissant de gloire et la tête ornée
d'une brillante couronne. Il l'entendit dire : « Mon frère,
« je vous bénis, vous et votre troupeau ; je vous précède
« dans le Ciel. Il est temps que vous vous transportiez à
« mes funérailles, suivant la promesse que vous m'en
« avez faite. » La vision disparut, et saint Georges, se re-
tournant vers les fidèles assemblés, leur dit : « Saint
Front, ô chères âmes, vous bénit de ses dernières béné-
dictions ; il est dans le sein de Dieu.» Après ces quelques
paroles, il prit la route du Périgord pour aller rendre les
derniers devoirs à son ami.

§ XIX

Funérailles de saint Front. — Son culte. — Ses reliques.

Cependant, à Vésone, la mort du saint évêque avait
jeté le deuil dans toutes les âmes, et on se pressait autour
du défunt. Après plusieurs jours, on transporta le saint

corps à l'oratoire de Notre-Dame. Pendant la translation, des voix angéliques, se mêlant aux chants du clergé et des fidèles, furent entendues dans les airs. Dès qu'on eut déposé la sacrée dépouille dans l'oratoire, il s'en exhala une suave odeur qui embaumait tous les assistants. Saint Georges et Anian, le nouvel évêque, la mirent dans la terre, à coté des martyrs Frontaise, Séverin et Sévérian, avec cette inscription : « Ici repose le corps du bienheureux Front, « disciple de Jésus-Christ, et fils bien-aimé de l'Apôtre « saint Pierre par le baptême. »

Avant la sépulture, trois aveugles recouvrèrent la vue, trois muets la parole, trois boiteux furent redressés et six démoniaques furent délivrés par le simple contact du corps de l'Apôtre.

La fête de saint Front se célèbre fort solennellement dans le diocèse de Périgueux, le 25 octobre. Elle est double de première classe avec octave.

Quant à ses reliques, il ne reste plus qu'une partie du crâne qui est placé dans un reliquaire assez modeste, près du maître-autel de la cathédrale de Périgueux. Vers l'an 1575, les hérétiques s'emparèrent de Périgueux et firent disparaître les ossements de l'Apôtre du Périgord. Ils auraient même démoli la cathédrale, s'ils n'avaient craint que sa démolition ne nuisît à la ville.

Saint Front, Apôtre du Périgord,

Priez pour nous.

Extrait presque textuellement de Giry, qui, lui-même, n'a fait que résumer la belle Vie de saint Front par l'abbé Pergot, curé de Terrasson.

IMPRIMERIE LIBRAIRIE PAPETERIE E. CONSTANTIN, ANGOULÊME

LETTRE DE SON EMINENCE LE CARDINAL RAMPOLLA

L'auteur, ayant envoyé au Saint Père les deux premières séries de la Vie des Saints des trois ordres séraphiques, a reçu de son Eminence, le Cardinal Rampolla, la lettre suivante :

TRÈS ESTIMÉE MADAME,

Le Saint Père a reçu les deux premières séries des Vies des Saints que vous publiez. Sa Sainteté n'a pu s'empêcher de reconnaître dans cette offrande un respectueux hommage de votre dévouement.

En vous remerciant par mon entremise, le Saint Père vous a volontiers accordé la Bénédiction Apostolique.

Avec l'expression de ma propre reconnaissance pour l'exemplaire de ces Vies qui m'était destiné, recevez le témoignage de la considération distinguée avec laquelle je me reconnais votre très dévoué serviteur.

Card. RAMPOLLA.

Rome, 12 novembre 1897.

EXTRAIT DE LA SEMAINE RELIGIEUSE DE PÉRIGUEUX

(Année 1897, n° 39, page 625).

Nos vénérés confrères ont eu sous les yeux, pendant les retraites ecclésiastiques, quelques spécimens des délicieuses Vies des Saints écrites avec une simplicité charmante et édifiante par M⁽ᵐᵉ⁾ Berguin.

Chaque biographie particulière est enfermée dans une élégante brochure in-8 de 24 pages environ. La Vie du Saint est condensée dans ces pages qui semblent courtes à la lecture, elles suffisent toutefois à donner une connaissance précise des événements principaux qui la composent. Quelques réflexions judicieuses disséminées dans le texte font ressortir les enseignements qui se dégagent des récits, et mettent en lumière les exemples de vertus.

On ne les lira pas sans profit et sans plaisir.

De précieux encouragements sont donnés à l'auteur par plusieurs cardinaux, archevêques et évêques : S. Em. le cardinal Lecot, S. Em. le cardinal Bourret, S. Em. le cardinal Coullié, les évêques de Grenoble, Gap, Limoges, le Mans et le Puy. Mgr. l'Evêque de Périgueux bénit ces œuvres pieuses.

Il nous semble que les prêtres et les religieuses utiliseraient ces brochures comme récompense de catéchisme.

COURT MOIS DE MARIE

POUR LES PERSONNES PEU LETTRÉES ET PEU AVANCÉES DANS LA

PERFECTION

PAR LE P. EUTHYME-CHAPUIS

Le 19 janvier 1896, Mgr. Fava, évêque de Grenoble écrivait à l'auteur :

« MON BIEN CHER PÈRE,

« Votre Mois de Marie intitulé : *Court Mois de Marie pour les personnes peu lettrées et peu avancées dans la perfection,* mérite d'être nommé : *Mois de Marie pour tout le monde.*

« Les lettrés, plus que tous les autres, aiment le style simple et noble, car le style c'est l'âme, ils le savent bien.

« Quant aux personnes peu avancées dans la perfection, c'est nous tous, puisque notre pauvre âme a sans cesse besoin du Soleil divin pour ne pas retomber dans la nuit.

« Que Dieu bénisse votre labeur.   † AMAND-JOSEPH,

Evêque de Grenoble »

L'unité : 0 fr. 60 ; — *franco* : 0 fr. 80

NOUVELLES RÉCRÉATIONS ENFANTINES
Par M. Berguin.

Recueil de fraîches et délicates fleurs d'un parfum très salutaire :

Nous irons les offrir un jour
Avec nos vœux et notre amour
A notre Père,
Qui porte un intérêt ardent
A notre cher petit arpent
De bonne terre !

(Annales des Alpes, 2ᵉ année, p. 215).

L'unité : 0 fr. 35 ; *franco* : 0 fr. 40

VIE DES SAINTS DU DAUPHINÉ
Par l'Abbé CHAPUIS, Curé de Tréminis (Isère)

L'auteur, ayant montré à son évêque son premier travail a reçu de Sa Grandeur ce précieux encouragement :

BIEN CHER CURÉ,

Je bénis vos travaux de tout cœur.
Tout vôtre en Notre-Seigneur.

† AMAND-JOSEPH, *Év. de Grenoble*

ONT DÉJA PARU :

1. Saint Barnard, archevêque de Vienne.
2. Saint Hugues, évêque de Grenoble.
3. St Avit, archevêque de Vienne.
4. Saint Apollinaire, évêque de Valence.
5. Sainte Galle, vierge, de Valence.
6. Saint Arey, évêque de Gap.
7. Bᵉᵉ Béatrix d'Ornacieux.
8. Ste Clotilde, reine de France.
9. Saint Pélade, archevêque d'Embrun.
10. Saint Marcellin, archevêque d'Embrun.
11. Saint Domnin, évêque de Digne.
12. Saint Vincent, évêque de Digne.
13. Saint Clair.
14. Saint Jean de Matha.
15. Saint Vincent Ferrier.
16. Saint Bruno.
17. Saint Arnoux.
18. Saint Restitut.
19. Saint Just (ou saint Juste), mart.
20. Saint Sulpice.
21. Saint Eusèbe.
22. Saint Torquat.
23. Saint Paul.
24. Saint Boniface.
25. Saint Maximin.
26. Saint Amant (ou saint Amand ou saint Amance).
27. Saint Castorin.
28. Saint Michel.
29. Saint Martin-des-Ormeaux.
30. Saint Hugues d'Avalon.

L'unité : 0 fr. 20 ; *franco*, 0 fr. 25.
Le cent : 15 fr. ; *franco*, 16 fr.
Les cinquante : 8 fr. ; *franco*, 9 fr.
La douzaine : 2 fr. ; *franco*, 2 fr. 50

Si cette publication se continue, comme nous le croyons, elle deviendra d'un réel intérêt. Que le docte auteur cite, sommairement au moins, ses sources, et le travail sera parfait. *(Annales des Alpes 1ʳᵉ année, p. 310).*

Les auteurs déclarent vouloir se conformer à la Bulle d'Urbain VIII.